Che cos'è la Filosofia?

di Fabiano Diosi

Premessa

Nel mondo presente dominato dalla tecnoscienza, la filosofia viene ingenuamente liquidata dal senso comune, dalla sapienza scientifica e dalla stessa filosofia odierna come un sapere ormai marginale, un sapere astratto e secondario che non trova in nessun campo la sua applicazione pratica. Solamente ciò che è utile, infatti, interessa da vicino il grande sistema tecnico, guidato dalla scienza moderna e contemporanea, che è ormai sistema planetario. Negli ultimi tempi la filosofia è diventata una disciplina tra le tante, schiava di tecnicismi e astrusità, incatenata in quella prigione che spesso può essere l'accademia. Le catene non le permettono di volare libera nel cielo, che è l'Autentico. Il motivo che ha portato alla svalutazione della sapienza filosofica è certamente riconducibile all'evoluzione che questa ha avuto nel corso della storia. Più precisamente, agli eventi embrionali del suo percorso.

La filosofia, però, è il sapere concettuale che ha condotto duemilacinquecento anni della grande storia dell'uomo, influenzando decisivamente tutti i campi della società, dalla politica all'etica, dalla religione all'arte e la stessa scienza. Dunque ha un ruolo fondamentale nella prassi umana. La dissoluzione della filosofia nelle varie scienze particolari, come la psicologia o la sociologia, sono l'evidente conseguenza della sua crisi negli ultimi duecento anni.

Questo breve scritto ha la pretesa di smentire le false credenze della nostra società, le opinioni del senso comune, riaffermando in modo sostanziale e inaudito il significato più autentico della filosofia, dunque ponendo in luce la sua essenza, chiarificando sinteticamente le sue configurazioni storiche.

Le cavalle che mi portano fin dove l'animo giunge mi trascinavano, dopo avermi avviato sulla strada ricca di canti, divina, che porta l'uomo sapiente per tutte le cose che siano.

(Parmenide, *Poema sulla natura*)

Le origini della Filosofia

"ascoltando non me, ma il logos, è saggio convenire che tutto è uno"

(Eraclito, fr.50)

Che cos'è la filosofia?

Il problema principale nel dare una definizione adeguata alla filosofia, risiede nel fatto che essa non è una scienza come le altre, ma è "la scienza che studia i principi delle scienze", riassumendo la concezione che ha Aristotele. Già questa definizione dovrebbe accontentare tutti. Nel primo libro della *Metafisica* la descrive come "scienza divina" perché ha per oggetto Dio, cioè il principio supremo. La filosofia non tratta con la stessa profondità e precisione un oggetto specifico, come nel caso delle scienze particolari. Si può dire che essa si occupa del rapporto delle singole parti della nostra esperienza con il Tutto. A lei spetta il primato indiscusso nella gerarchia dei saperi. Essa si occupa dell'intero, della totalità. Una definizione suggestiva e degna di esser citata è quella di Hegel: la filosofia è il sapere che "tratta di ciò che è ed è eternamente". Queste definizioni, chiarificano la natura della filosofia, distinguendola dalle altre scienze e da qualsiasi altra sapienza.

Dal mito al logos

Aristotele scrive che la filosofia viene da
"thauma", espressione che viene
tradizionalmente tradotta con
"meraviglia". Per trattare in profondità la
questione, non possiamo non rifiutare
questa traduzione, che appare
decisamente riduttiva. "Thauma" infatti è
traducibile anche con "paura, angoscia".
La filosofia nasce come rimedio per
l'angoscia esistenziale provocata dalla
paura per il dolore e per la morte. Il
primo rimedio è però il mito.

L'uomo, innanzi tutto, evoca il diventar
altro delle cose, cioè il loro divenire e il loro
esser mortali. Il divenire rappresenta
l'angoscia suprema dell'uomo, il quale, per
trovare "riparo" è costretto a inventare il
mito. La funzione essenziale del mito è

quella di rassicurazione. Più specificamente è quella di anticipare e prevedere il futuro imprevedibile e, dunque, di contenerlo, di incatenarlo. Il mito ha il compito di rendere prevedibile l'imprevedibile. In questo modo, l'angoscia che deriva dal divenire è attenuata. L'uomo, infatti, non inventa il mito per il piacere di narrare delle storie. Egli vuole salvarsi dal dolore e dalla morte. La tradizione mitica va avanti per millenni e millenni. A un certo punto, però, l'uomo inizia a dubitare. Inizia a chiedersi se l'assicurazione che dà il mito dal divenire, dal dolore e dalla morte è una vera assicurazione. Se la felicità che dà il mito è una vera felicità. Da questo presupposto avviene quell'evento straordinario che è la nascita della filosofia.

Il passaggio dal mito alla filosofia non avvenne per pura casualità, bensì dalla congiunzione di diverse cause storiche. Tra

il VII e il VI secolo a.C. in Grecia vi è un grande fermento culturale, economico e sociale. L'economia si basa soprattutto sul commercio e i contatti con gli altri popoli del mediterraneo sono inevitabili. Questo fatto favorì dunque il confronto tra le diverse culture e quindi le diverse concezioni del mondo. Il mito, la religione e dunque il linguaggio metaforico caratterizzavano queste concezioni in tutti i popoli del mediterraneo e del mondo intero. Va fatto notare che tutte le grandi culture sono nate intorno a grandi fiumi, pensiamo soltanto agli egizi; i greci importarono soprattutto da essi i saperi astronomici e cosmologici. La navigazione del mare, che per l'epoca fu una grandissima novità, con tutte le difficoltà e incognite che presentava, presuppose nell'uomo dell'epoca un radicale cambio di mentalità e di spirito. Le spiegazioni mitico-religiose del cosmo non soddisfacevano più le esigenze dell'uomo "nuovo" che, indotto da questo cambio di mentalità andava alla ricerca di un sapere, che non fosse appunto quello del mito. Aveva bisogno di un sapere che non poteva essere smentito e negato, un sapere certissimo. In questo contesto nasce la filosofia.

I primissimi filosofi, che provenivano da Mileto, un'antica città della colonia greca nell'attuale Turchia, erano prima di tutto scienziati, che si occupavano prevalentemente di astronomia. Vennero chiamati filosofi dalla tradizione classica perché per primi andarono alla ricerca del principio che spiegasse l'essenza del Tutto, utilizzando nei propri discorsi il linguaggio razionale che si contrapponeva al linguaggio poetico-metaforico tipico del mito.

Il fattore che fu tuttavia decisivo per la nascita della filosofia fu senza dubbio l'invenzione di un nuovo linguaggio nell'VIII secolo a.C.: la scrittura in lettere. Essa sostituì i simboli e permise all'uomo di avere maggiori capacità di astrazione intellettiva.

I sette sapienti

Con l'espressione "i sette sapienti" si indicano alcune personalità della Grecia antica ricordate dalla tradizione come uomini in possesso di grande saggezza e intelligenza. Essi furono autori di massime dal contenuto etico e pratico e rappresentarono per le comunità greche dei punti di riferimento per la loro integrità e sapienza morale. Eppure ciò non è ancora "filosofia", proprio per l'assenza di un'indagine che identifichi il principio di tutte le cose.

Il Principio

Gli antichissimi presocratici della scuola di Mileto, avevano mirabilmente intuito che alla base della realtà apparente del mondo vi fosse un principio unico. Questa intuizione permette di identificarli come i primi filosofi. Il concetto di "*Archè*" indica appunto il principio, il fondamento di tutte le cose. Importante è affermare che l'*Archè* non sia da intendere come il "primo di tutti", ma piuttosto come il "più profondo", dunque non un principio che ha dato inizio a tutto, ma un principio che costituisce da sempre e per sempre il fondamento comune che è l'essenza incorruttibile della realtà. La filosofia è il discorso che si sviluppa a partire dal fondamento; senza questa necessaria premessa, il discorso filosofico non è filosofia nel senso più veritiero. Il fondamento della realtà è la verità assoluta e fermissima, che nel corso della storia del pensiero occidentale verrà intesa con concezioni diverse.

Comunque le dottrine dei primi filosofi sono ancora troppo dipendenti a una visione empiristica della realtà (anche se in Anassimandro compare il concetto di *Apeiron,* cioè di "infinito" o "indefinito"). Con Eraclito si fa un passo avanti, ma è con Parmenide di Elea, padre della logica e dell'ontologia, che la filosofia acquisisce l'autorità di un sapere radicale che supera il mito e le conoscenze sensibili.

Il parricidio di Parmenide

Parmenide di Elea, affermando l'eternità dell'Essere nella sua contrapposizione assoluta con il non-essere, e cioè il Nulla, aveva negato l'esistenza del mondo. Dato che gli essenti non sono l'Essere, essi non sono. Se esiste solo l'Essere, che è eterno, ingenerato, incorruttibile, immobile, il divenire e il mutamento della terra non possono essere reali. Deve essere un'illusione. Questo perché il divenire delle cose comporta necessariamente il passaggio al non-essere. Ma il non-essere non può esistere, esiste solo l'Essere. L'eleate cade in un'aporia; evidentemente il mondo e il divenire, le cose, non si possono negare. Dopo di lui, i così detti fisici pluralisti tenteranno di risolvere questo problema. L'aporia Parmenidea viene, però, apparentemente risolta da Platone, il quale, nel tentativo di salvare il mondo, "ucciderà" il padre Parmenide, restituendo la qualità dell'esistenza alle cose. Le cose - cioè il mondo - oscillano però tra l'essere e il non-essere.

Commettendo il parricidio, Platone inaugura la tradizione filosofica occidentale. La filosofia dei secoli successivi, in qualche modo si dimenticherà dei presocratici, svalutati e considerati come semplici precursori della "vera" filosofia, quella dei tre grandi maestri Socrate, Platone e Aristotele. Tutta la tradizione interpreterà la nascita e la morte delle cose come un venire dal Nulla e un ritornare nel Nulla, sia nelle concezioni deterministiche che in quelle che affermano la contingenza della realtà.

Determinismo e contingenza

La concezione deterministica indica che in natura nulla avviene per caso, ma tutto è già da sempre scritto, per l'appunto "determinato", tutto accade per necessità. Se tutti gli eventi del mondo sono già determinati non c'è spazio alcuno per il contingente, cioè per qualcosa che potrebbe - ma anche non - accadere. La conseguenza è che non può esistere la libertà dell'uomo, intesa come valore assoluto (in quanto tutto quello che si manifesta nel mondo è necessario che si manifesti). Solo il non-necessario, l'accidentalità, la casualità, la contingenza ammettono il libero arbitrio dell'uomo e quindi anche la validità concettuale dell'etica. Nella visione deterministica l'etica è svalorizzata e non può richiamarsi a un fondamento assoluto, poiché il libero arbitrio dell'uomo non può in alcun modo contrastare la necessità della realtà.

Religione e Filosofia

"Ora, poco fa abbiamo ammesso che la verità sopravvive, anche quando le cose vere scompaiono. Dunque la verità non è nelle cose che muoiono. D'altra parte esiste, ed esiste in un luogo preciso. Dunque vi è qualcosa che non muore. Ma se in una cosa non c'è la verità, non è vera. Da ciò risulta che non è vero se non ciò che è immortale"

(Agostino, *Soliloquia*)

Finito e infinito

La religione, riprendendo la tesi di Hegel, ha il medesimo contenuto della filosofia: entrambe pensano all'unità di finito e infinito. Sono legate indissolubilmente. Se pur con modus differenti, entrambe cercano la Verità. La religione usa la rappresentazione, la filosofia usa il concetto. Difficile non condividere questa proposizione. In particolare, le grandi religioni monoteistiche, giudeo-cristianesimo e Islam, pensano al divino come principio unitario della realtà.

L'Etica

L'etica ha un ruolo centrale nel culto mitico (per "mitico" non si intende un'accezione "negativa" o discriminante del termine). Quasi tutte le religioni dell'intera storia umana rappresentano un insieme di precetti e leggi etiche il cui scopo è quello di regolare la vita comunitaria di determinate culture e determinati popoli. Queste leggi sono poste in relazione al divino, è infatti il Dio che dà la legge al suo popolo (come nell'Ebraismo). Il credente, o il fedele, rispetterà i precetti proprio perché questi sono l'immagine trascendentale del divino, dunque della Verità, in vista del mantenimento e la conservazione dell'ordinamento della comunità di appartenenza. La comunità è l'immagine trascendentale del divino.

Dunque l'etica è centrale nei culti, specialmente in quelli che precedono le grandi religioni "abramitiche". Infatti, anche se nell'Ebraismo il ruolo della Legge è di fondamentale importanza, il rapporto con il divino si fa più intenso e raffinato, diviene spesso un fatto personale che riguarda anche il singolo oltre che un intero popolo.

Il significato di Dio

Da sempre l'uomo si trova dinanzi alle forze della natura e alla misteriosa imprevedibilità della vita, del dolore e della morte. Per questo è costretto ad allearsi con la potenza maggiore, che è appunto il divino, per contrastare l'angosciante divenire del mondo.

Oltre a questo, vi è una visione essenziale e filosofica del divino, una concezione più alta e profonda. La parola "Dio" indica prima di tutto l'assoluta e incorruttibile essenza della realtà, quella parte della realtà che trascende l'apparente divenire del mondo, che è ciò che è stato chiamato il "finito". "Dio" deriva dal latino "deus" che ha la sua antica radice nell'indoeuropeo "deiwos"; nel suo significato intrinseco, "deiwos" significa ciò che è "luminoso", "accecante", "splendente". In estrema sintesi, con il concetto di Dio si indica da sempre il "luogo" che della verità assoluta dell'essere (certamente con le dovute precisazioni di carattere linguistico, storico e teoretico), ciò che contiene l'assoluta positività della realtà, quella dimensione che oltrepassa l'esperienza sensibile e che i vari sofismi relativisti e nichilisti e l'empirismo scientifico hanno provato a negare con discorsi concettualmente debolissimi, venendo facilmente confutati in ogni epoca. Ovviamente Dio viene, nel corso della storia, pensato in modo differente, a seconda delle sapienze religiose e filosofiche.

Dio è dunque l'oggetto principale della filosofia, oltre ad esserne il suo fondamento. Importante è rilevare che l'unitarietà dell'Essere trova la sua più antica enunciazione nella Bibbia (Antico Testamento), secoli prima dell'avvento della filosofia; in Esodo Dio è "colui che è".

Molti grandi filosofi del passato hanno cercato di dimostrare l'esistenza di Dio con le così dette "prove ontologiche". La gente comune dibatte ingenuamente su questo tema perché non conosce il Linguaggio. L'esistenza di Dio non è una fede o una scommessa, come affermava Blaise Pascal, poiché con "Dio" si deve intendere l'essenza stessa del Tutto.

Trascendenza

Dio è il trascendente stesso. La trascendenza è propriamente ciò che va al di là dell'esperienza, oltrepassa la realtà apparente superando la contraddizione. La contraddizione è l'opposizione tra positivo e negativo e nel trascendente il negativo è superato dal positivo. L'espressione "oltrepassa la realtà" non è da interpretare come un "al di fuori della realtà". Il trascendente è da concepire come la realtà stessa nel suo non-manifestarsi, nel suo non-apparire. Dunque non va pensato così come lo ha fatto la filosofia tradizionale, cioè come una realtà esterna alla realtà.

Assoluto positivo o negativo?

Risolta (velocemente) la *vexata quaestio* del concetto di "Dio" che, come su detto, indica l'essenza assoluta della realtà, verrebbe ora da chiedere: come possiamo affermare la positività dell'essenza assoluta? Come possiamo smentire il *nihil negativum,* cioè il negativo assoluto? La questione dell'opposizione tra positivo (essere) e negativo (non-essere) è fondamentale nella filosofia, proprio perché riguarda il problema dell'essere, problema già pensato dai primissimi filosofi. La negazione del negativo assoluto, consiste nel suo esser auto-negazione; ciò merita una dimostrazione e il rigore logico, che in questo scritto non possono essere esposti; comunque questa rigorosa concettualità porterebbe a rendere manifesta l'impossibilità del non-essere (proprio in ragione del suo esser auto-negazione) e la certissima positività dell'assoluto.

Rivelazione

L'Assoluto (cioè il contenuto della verità dell'Essere), nella sua trascendenza, è auto-rivelazione. Si rivela, cioè, da sé medesimo. Questo rivelarsi, o disvelamento (che i greci intendono con la parola "aletheia"), è un "manifestare" inteso come un "portare alla luce" e rendersi visibile, e si compie nell'uomo attraverso l'intuizione e, poi, nel linguaggio. Le grandi religioni, in modo particolare quella cristiana, hanno per oggetto il disvelamento dell'Assoluto, riferendosi a ciò con i termini "Teofania" o "Epifania" (parole in greco antico aventi lo stesso significato di "manifestazione del divino"). Alcuni pensieri religiosi hanno per questo un forte contenuto che chiameremmo "filosofico". In essi è Dio che cerca l'uomo. Nella filosofia greca era il pensatore che cercava Dio per ritrovare sé stesso. Ciò che è assente nel pensiero

26

religioso è proprio una dimostrazione rigorosa che vada a giustificare un determinato contenuto.

Il linguaggio metaforico

Il linguaggio è la volontà dell'uomo di testimoniare un messaggio, un significato. Il linguaggio nella filosofia è la volontà di testimoniare un contenuto innegabile. Nella religione, questa volontà si compie nel linguaggio metaforico; un linguaggio allusivo, evocativo, poetico, che è onnipresente, per esempio, nelle "sacre scritture". La natura velata e poco chiara di questo linguaggio, non costituisce un'insufficienza rispetto al linguaggio razionale; anzi, spesso, essendo più diretto, riesce a essere più efficace nella volontà testimoniante un dato contenuto, nonostante il suo esser linguaggio "antichiarificatore" e nonostante l'assenza di dimostrazione rigorosa.

Il Cristianesimo

La riflessione che opera la religione cristiana appare come la più vicina a un certo atteggiamento filosofico. Possiamo affermare, approssimativamente, che con il Cristianesimo si compie una sintesi tra il pensiero greco e il giudaismo dell'Antico Testamento. Dalla sua connessione con il pensiero greco ne deriva, dunque, una certa configurazione teoretica. Per questo motivo è superiore ad ogni altra religione nella storia, proprio per il suo forte carattere speculativo, che comunque non prevale sulla sua natura essenzialmente teologica.

Il Cristianesimo giunge all'unità di finito (il tempo) e infinito (Dio) nella figura di Gesù Cristo, che è il Logos (il linguaggio, la sapienza) di Dio incarnato e Dio stesso. Nel Cristo, Dio entra nel tempo e nella storia, entra nell'esperienza dell'uomo, il quale abita nel mondo che è perenne contraddizione e squilibrio (sofferenza e gioia, vita e morte, bene e male, peccato e redenzione). In questa rivelazione compiuta, l'uomo che entra in comunione (*koinonìa*) con Dio, è trasfigurato nella sua Gloria.

Il Cristianesimo con intensa profondità pensa l'Esscre e intuisce che il dolore dell'esistenza e la precarietà dell'uomo costituiscono una parte assolutamente essenziale dell'Essere stesso. Non c'è Verità senza la sua negazione; Non c'è positivo senza negativo; Non c'è "vita eterna" senza sofferenza (il cui simbolo è il patimento del Cristo, cioè il patimento di

Dio). Il negativo, però, non si colloca sullo stesso piano del positivo: il dolore dell'esistenza è infinitamente oltrepassato. Comunque, nel cristianesimo il rapporto tra l'uomo e Dio sussiste prima di tutto nell'esperienza vissuta del singolo individuo e poi nel rapporto con la Chiesa (intesa come "koinonìa" dei fedeli cristiani).

Certamente lo straordinario valore teologico del Vangelo è, nel corso della storia, spesso depotenziato per errate interpretazioni teologiche e per cause socio-culturali. Potremmo dire che il cristianesimo è spesso soggetto all'opinione.

La filosofia cristiana

Lo straordinario successo della fede cristiana dei primissimi secoli, sia in occidente che in oriente, fu talmente prorompente che, tutti i campi della società dell'epoca, subirono un radicale cambiamento. In breve tempo sorse l'esigenza di difendere la nuova fede dagli attacchi dei pagani da una parte e dai così detti "eretici" dall'altra. Per difendere al meglio la nuova fede occorreva necessariamente delineare la dottrina, che avrebbe costituito un fondamento per la prassi della Chiesa.

Sia in oriente che in occidente vi fu una grande fioritura di pensatori cristiani, alcuni dei quali rientrano nella schiera dei "Padri della Chiesa". Tra questi: San Giustino, Sant'Ireneo di Lione, Origene, Sant'Ambrogio, Sant'Agostino.

Al grande periodo della patristica seguì quello della scolastica medievale. Nel medioevo la cultura europea è totalmente cristiana e la Chiesa di Roma, con la sua dottrina salda, è egemone. La riflessione filosofica si sviluppa inevitabilmente all'interno della dottrina cristiana, muovendo dai presupposti delle sacre scritture. Le diverse scuole di pensiero si scontrarono, quasi esclusivamente, nel chiarificare il rapporto tra ragione e fede cristiana. Tra i principali autori medievali: Sant'Anselmo, Abelardo, San Tommaso, Ockham, Duns Scoto.

L'influenza della filosofia greca nel pensiero cristiano

Il pensiero cristiano cresce all'interno delle grandi categorie espresse dalla filosofia greca, specialmente quella dell'età classica.

Questa influenza diventa evidente con l'operazione compiuta dai due più illustri pensatori cristiani, vale a dire Agostino e Tommaso, i quali si servirono del platonismo e neo-platonismo (Agostino) e di Aristotele (Tommaso) al fine di fortificare e giustificare razionalmente i contenuti di fede.

Il problema della fede

La fede religiosa in verità è una delle fedi dell'uomo. Fede, infatti, è tutto ciò che non è certezza assoluta, dunque tutto ciò che può essere discutibile. Ne consegue che ogni fede è necessariamente legata al dubbio. Di più, la fede è la volontà che il mondo abbia un certo significato piuttosto che un altro. Dato che ogni fede (religiosa, politica, scientifica, ma anche filosofica) vuole affermare il proprio contenuto, è inevitabile giungere allo scontro delle fedi, proprio perché l'affermazione di una fede è la negazione di un'altra fede. Lo scontro tra le fedi è superato dal significato autentico della Verità.

La Filosofia della prassi

"I filosofi hanno soltanto interpretato il mondo in vari modi; si tratta ora di trasformarlo"

(Karl Marx, *Tesi su Feuerbach*)

La polis

Nell'antica Grecia le comunità vivevano e si organizzavano nelle polis, città indipendenti dove la vita politica era decisamente attiva. Nelle polis principali, specialmente Atene, le antiche istituzioni aristocratiche furono sostituite con nuovi organismi di natura democratica. La democrazia favorì il coinvolgimento nella vita politica della maggioranza dei cittadini. In questo scenario sorse così l'esigenza di una filosofia che, oltre al pensiero sull'essere, riflettesse sull'uomo nel suo complesso rapporto con la comunità e le istituzioni.

Già nei presocratici (o pre-sofisti), come Eraclito e Parmenide, si intravede un certo interesse filosofico per le questioni legate alla polis e all'etica. Difatti si pensa che alcuni di essi siano stati legislatori nelle rispettive comunità.

Il vero passaggio da una filosofia dell'essere a una filosofia sull'uomo avvenne con i sofisti (Protagora, Gorgia). Essi negarono la possibilità di arrivare a una conoscenza definitiva della realtà, negando cioè la Verità assoluta, approdando dunque a un relativismo o scetticismo assoluto. La conseguenza di ciò è la trasformazione e riduzione della filosofia a un sapere pratico, un sapere tecnico (*téchne*) che non custodisse più la verità dell'essere, ma che potesse guidare la volontà utilitaristica dell'uomo.

"Phronesis"

Se i sofisti hanno un ruolo di decisiva importanza nella storia della filosofia, il loro pensiero fu abilmente confutato già dal loro contemporaneo Socrate. Egli recuperò e difese il valore della verità, valore che poi avrebbe dovuto esprimersi nell'agire pratico dell'uomo. La verità per Socrate coincide con il Bene e l'uomo deve compiere il Bene nella vita quotidiana; una filosofia dunque che coincide con l'etica.

Con Platone e Aristotele si ha la definitiva demarcazione tra il pensiero ontologico e il pensiero pratico. In Platone, però, la prassi deve essere la manifestazione nel mondo sensibile delle idee universali, Aristotele intende le scienze pratiche come il risultato di opinioni che, anche se razionali, non possono in alcun modo avvalersi di certezza inconfutabile.

Aristotele darà alla metafisica il titolo di "filosofia prima", proprio per distinguere il discorso sull'essere dalle scienze particolari, come la fisica e la matematica, e dalla *"phronesis"*, cioè il sapere pratico.

La filosofia ellenistica

I pensatori dell'età ellenistica, che succede all'età classica ("socratica"), furono autori di dottrine di natura prevalentemente etica. Epicuro concepiva la filosofia come strumento per vivere una vita felice, liberata dal dolore e dalle passioni. Anche la celebre etica degli stoici, fondata sul concetto di "dovere", prevedeva il distacco dalla gloria mondana e dalle ricchezze.

L'estetica

Appartiene alla *phronesis* anche l'estetica, che è il discorso filosofico che si occupa della prassi nell'arte. L'arte, nelle sue diverse forme di espressione, è il tentativo di cogliere la verità nel sensibile.

Questo tentativo è mal visto da Platone, che condanna l'arte poiché irreale rappresentazione del mondo sensibile, il quale già di per sé rappresentazione del vero mondo, cioè quello delle idee.

Aristotele ne profila invece una visione positiva rispetto al maestro; l'arte poetica, in particolare la tragedia, conducono alla "catarsi" cioè a una purificazione dell'uomo dalle passioni e a una sua più precisa comprensione del mondo reale.

I celebri artisti del rinascimento italiano cercavano con le loro grandiose opere di cogliere la verità, o più propriamente di rappresentare l'essenza di Dio. Non sarebbe fuorviante quindi appellare come "filosofi" artisti come Leonardo, Michelangelo o Raffaello.

Friedrich Schelling sosteneva che l'arte fosse il mezzo più puro e diretto per giungere alla conoscenza dell'Assoluto, più dello spirito teoretico. Arthur Schopenhauer riteneva la conoscenza estetica, nella sua visione romantica dell'arte, come una delle vie per sfuggire alla sofferenza cosmica in cui l'uomo è gettato.

La crisi della grande tradizione negli ultimi due secoli, che porta alla "morte di Dio", cioè la morte della metafisica tradizionale e quindi di ogni immutabile, si ripercuote fortemente anche nella dimensione artistica, oltre che in tutti gli altri campi della civiltà occidentale. L'arte oggi ha perduto quei canoni di bellezza e di armonia che erano espressione più alta della cultura cristiana e greco-romana. Questo impoverimento è segnato proprio dal tramonto di ogni verità assoluta, che coincide con l'affermazione, in ambito estetico: "non esiste il bello assoluto". Il concetto di bello assoluto era il canone al quale gli artisti erano inevitabilmente legati. Artisti come Dante Alighieri, Caravaggio o Mozart non avrebbero mai potuto essere autori di opere di tanta bellezza se non fossero vissuti in una cultura "regolata" da una verità assoluta, in questo caso il Dio della metafisica.

La prassi è la non-verità

In ragione del suo non essere certezza innegabile, il discorso filosofico sulla prassi, il quale fine è l'opera *"ergon"* e si riferisce alla politica, all'etica comunitaria e individuale, al diritto e all'estetica, non è propriamente filosofia (se per filosofia intendiamo il linguaggio che indica il sapere assoluto), ma è, piuttosto, opinione. L'opinione è il discorso che non ha un contenuto innegabile. Ecco perché anche la filosofia della prassi è opinione. Le manca l'innegabilità delle proprie affermazioni. In una visione più ampia, l'opinione è fede. Essa, dunque, non riguarda solamente il senso comune, ma appartiene anche alla filosofia e tutti i campi del sapere. La differenza è tra opinione e opinione razionale.

Per di più, la prassi è strettamente legata alla volontà; la volontà è il voler far diventare le cose altro da ciò che propriamente sono. Questa è la negazione più profonda della verità intesa come l'immutabile e l'incontrovertibile ed è la primordiale forma di violenza

Scienza e Filosofia

"Se non esistesse un'altra sostanza oltre quelle che costituiscono la natura, la fisica sarebbe la scienza prima; se invece esiste una sostanza immobile, la scienza di questa sarà anteriore alle altre scienze e sarà filosofia prima, e in questo modo, cioè in quanto è prima, essa sarà universale, e ad essa spetterà il compito di studiare l'essere in quanto essere, cioè che cosa l'essere sia e quali attributi, in quanto essere, gli appartengano"

(Aristotele, *Metafisica*)

"Episteme"

Anche la scienza è a suo modo "prassi". In principio, alle origini della straordinaria storia del pensiero, non vi è alcuna differenza tra la filosofia e la scienza (così come le intendiamo oggi), anzi, esse rappresentano una cosa sola. Entrambe fanno riferimento a quell'atteggiamento dell'uomo che sancisce un netto distacco dalla precedente tradizione mitico-religiosa. Come accennato in precedenza, il concetto supera la rappresentazione. Difatti i primi pensatori della tradizione antica sono considerati come filosofi-scienziati. L'inscindibilità delle due discipline è in qualche modo confermata dalla traduzione antica della parola "scienza": in greco *"episteme"*. *"Episteme"* è una bellissima parola che nel suo significato etimologico indica qualcosa che "sta" in maniera saldissima "sopra" a tutto. Qualcosa di indiscutibile, innegabile. Ebbene, il significato etimologico di questa parola dimostra chiaramente che Filosofia e Scienza erano la stessa cosa e, cioè, il linguaggio che indica il principio razionale di tutte le cose ("che sta stabilmente sopra a tutto").

La regina delle scienze

Come accennato in precedenza, una prima distinzione teoretica, la dà Aristotele nel suo illustre sistema. Nel tentativo di conoscere l'essenza più profonda della realtà, egli opera un'organizzazione sistematica del sapere, volta a distinguere le varie forme di episteme. Divide il sapere in due grandi sezioni: le scienze teoretiche e le scienze pratiche. Le prime si riferiscono alle scienze vere e proprie, quelle cioè che ambiscono alla conoscenza pura; alle seconde appartengono le scienze sull'uomo, come l'etica, la politica, l'arte. Le scienze teoretiche sono ulteriormente suddivise in: metafisica (o filosofia prima), che studia l'essere in quanto tale; la fisica, che studia il mutamento, cioè il divenire dell'essere; la matematica, che studia l'essere sotto l'aspetto quantitativo. Secondo Aristotele, la metafisica è la regina delle scienze, perché ha il compito di affermare quei principi essenziali che permettono la sistematizzazione di tutte le altre scienze. La metafisica non studia la realtà nei suoi aspetti più particolari e oscuri, ma costruisce il fondamento necessario per l'operare delle altre scienze.

La scienza moderna e contemporanea

Per circa duemila anni, comunque, le parole filosofia e scienza si riferiscono indicativamente allo stesso sapere. Galileo Galilei, per esempio, pensa che la matematica sia un sapere assolutamente incontrovertibile. Isaac Newton intitola la sua maggiore opera *'Philosophiae Naturalis*

Principia Mathematica". Successivamente alla rivoluzione scientifica, la scienza si "emancipa" progressivamente dalla filosofia, abbandonando cioè quel sapere assoluto evocato dalla filosofia, diventando un sapere esclusivamente empirico e pragmatico, che non mira più alla verità incontrovertibile.

Questo cambio di rotta, però, è l'inevitabile conseguenza del medesimo abbandono operato dal pensiero filosofico degli ultimi due secoli (Nietzsche, Bergson, il pragmatismo americano, il positivismo, la filosofia analitica), il quale opera una grande decostruzione del millenario pensiero metafisico. L'esito di questa crisi è la dissoluzione della filosofia nelle scienze particolari, come la psicologia o la sociologia e il netto rifiuto di ogni pensiero che abbia la pretesa di giungere a comprensioni olistiche e certissime della realtà.

Un sapere ipotetico

La scienza contemporanea, dunque, ha per oggetto la sola esperienza sensibile e nell'abbandonare ogni tentativo di giungere a una conoscenza assoluta della realtà, si configura inevitabilmente come un sapere ipotetico e fallibile che, non ha per oggetto la verità certissima. Rinuncia, in comunione con la filosofia contemporanea, all'episteme (il sapere stabile). Occupandosi esclusivamente dei dati esperienziali della realtà, la scienza è un sapere pratico e ha come ragion d'essere l'utilità delle cose. In generale, il suo scopo è il controllo e il potere sul mondo.

La filosofia analitica

Il XX secolo ha visto lo scontrarsi di moltissime correnti di pensiero, tra queste la filosofia analitica, che si sviluppa conseguentemente alla crisi della filosofia tradizionale e all'affermarsi delle nuove scienze, ispirandosi all'opera di grandi pensatori come Frege, Russell e Wittgenstein. Questa corrente, che sarà predominante nei paesi anglofoni, tenterà di uccidere definitivamente la grande tradizione senza fondare nuove tesi, ma piuttosto provando a costituire un nuovo metodo filosofico basato su una logica rigidissima, potremmo dire "iper scientifica". Una logica che, proprio per la sua "scientificità" (e cioè per il suo fermarsi all'esperienza senza andare oltre) non potrà mai condurre alla verità dell'essere.

La vera sapienza

Oggi le scienze particolari sono considerate più della filosofia, in virtù delle loro conoscenze pratiche che soddisfano l'utile, cioè i bisogni dell'uomo. La civiltà globale si appresta ad entrare in un'era nella quale il potere tecno-scientifico dominerà il mondo, sbarazzandosi di tutte le vecchie ideologie appartenenti alla grande tradizione. Necessariamente, però, questo dominio si arresterà, così come accaduto alla grande tradizione. Invero, sia la vecchia metafisica, sia il dominio della Tecnica hanno in comune l'assenza, nel loro essere, della verità innegabile. Il glorioso percorso intrapreso dalla volontà tecno-scientifica è potenza, ma è una potenza impotente, in ragione dell'assenza della "vera sapienza".

Verità e Filosofia

"Ecco che ora ti dico, e tu fa' tesoro del detto, quelle che sono le sole due vi di ricerca

pensabili: l'una com' "è" e come impossibile sia che "non sia", di persuasione è la strada, che a verità s'accompagna, l'altra come "non è", come necessario "non sia", che ti dichiaro sentiero del tutto estraneo al sapere: mai capiresti ciò che "non è", è cosa impossibile, né definirlo potresti"

(Parmenide, *Poema sulla natura*)

L' aver cura della Verità

In questa parte finale del saggio, entreremo nell'intimo della questione.

Non si può arrivare a comprendere l'essenza del concetto o la parola in esame, qualsiasi essa sia, senza una accurata indagine linguistica, etimologica. A tal proposito è inevitabile affermare che la parola "filosofia" è stata debolmente tradotta dalla tradizione! Affermare che la filosofia è "l'amore per la sapienza" oscura il vero e profondo significato, che indica piuttosto "aver cura per la Verità". Nella lingua greca arcaica la parola "philein" indica, piuttosto, un significato di amore più alto che non quello comunemente inteso; un amore disinteressato, un "prendersi cura" di qualcosa. "Sophia" deriva da "saffès", che possiamo intendere come qualcosa che "sta intensamente in luce".

Questa traduzione più forte illumina la vera essenza della filosofia, un sapere radicale e definitivo e non l'attività intellettuale di un singolo individuo in cerca di sapienza. Il filosofo è colui che si prende cura di ciò che sta in luce, di ciò che non si nasconde, che è da intendersi come la Verità. La Verità è l'incontrovertibilità assoluta dell'Essere, la roccia indistruttibile e il fuoco che non cessa mai di ardere. Nessuno mai potrà smentirne l'esistenza e affermarne la negazione.

La Verità

La Verità è l'incontrovertibilità che dà autenticità al discorso. La Verità è il Discorso e il Fondamento. Il Fondamento afferma che *"tutto è ed è impossibile che non sia, che niente può diventar altro da ciò che è; tutto è eterno"*. Verità è ciò che non può essere smentito da alcuno che, il definitivo, l'inscindibile, l'innegabile.

Occorre distinguere le verità relative dalla Verità Assoluta, che è la Verità dell'Essere.

A tal riguardo, il linguaggio comune fa uso di questa parola in modo quasi sempre inappropriato, sminuendone il reale valore. Il sapere che si occupa di verità relative (di

verità cioè confutabili, cioè di non-verità)
non può essere chiamato "filosofia", se
con questa parola facciamo riferimento a
ciò a cui si è accennato nei paragrafi
precedenti. La filosofia è l'aver cura della
Verità, il pensare ad essa, ed è la volontà
del linguaggio di indicarla, di chiarificare la
realtà, l'intero.

La Verità autentica non si raggiunge dopo
un cammino faticoso. Essa abita
originariamente nell'uomo e viceversa.
L'uomo è la manifestazione della Verità.
Domandare troppo è la via dell'errore.
Domandare troppo per arrivare alla Verità
significa intraprendere un cammino al di
fuori della Verità.

Il filosofo

Nella concezione più pura il filosofo è colui nel quale si manifesta il linguaggio dell'Assoluto (con il termine "Assoluto" intendo qui il "luogo" e il contenuto della Verità), divenendone il testimone. Questa concezione è certamente oscura e inesplorata, ma prende le mosse dall'opinione *(dòxa)* e il sentire comune che pensano al filosofo come un individuo erudito che ama il sapere, una persona che si pone molte domande oppure uno studioso accademico di filosofia (condizioni non necessarie). Questa povera immagine deriva da una visione popolare e "miticizzata", ma anche dal fatto che negli ultimi tempi la filosofia va via via sciogliendosi nelle varie scienze particolare, perdendo il suo autentico valore e la sua autorità come sapere.

Lungi da tutto ciò, il filosofo è prima di tutto un visionario: prima di usare la concettualità è vittima di certe intuizioni;

L'intuizione è infatti alla base di ogni conoscenza pura. In questo senso la figura del poeta è molto simile, l'Assoluto invero si disvela sia nel linguaggio "scientifico" che in quello poetico. Il visionario non si ferma alle apparenze, di qualunque natura esse siano, ma va oltre. Quando entrerà nel corso della sua vita in contatto con il Linguaggio, sarà legato per sempre ad esso senza aver la possibilità di sottrarsene. Egli è un contemplatore dell'Assoluto e questa contemplazione è l'attività più alta che un uomo possa compiere! Comunque, ciò che fa grande un filosofo, non è la difficoltà e l'ampiezza della sua opera, ma è la profondità del suo pensare.

Il linguaggio

La filosofia è certamente un sapere elitario; solo pochi individui eletti dal destino hanno la "grazia" di accedere al linguaggio che testimonia la Verità. Tuttavia sapervi accedere non significa necessariamente saper comprenderlo in profondità. Ecco perché tra gli eletti vi sono "falsi" eletti. Tale linguaggio, essendo la volontà umana di testimoniare la verità, è comunque variabile, e proprio per questa sua variabilità ha la possibilità di varcar la soglia delle coscienze di coloro che non appartengono al coro degli eletti. Cioè di essere diffuso, divulgato. Come detto in precedenza, il linguaggio della filosofia può assumere più forme. Quel che conta, però, è il contenuto del discorso prodotto dal linguaggio. Il linguaggio filosofico è la volontà di testimoniare un contenuto che sia innegabile. L'opera di tale linguaggio è rendere evidente ciò che è latente, Chiarificare ciò che è oscuro e profondo. Portare alla luce ciò che è nascosto. Non sempre però, per esprimere certi concetti, ci si può servire di un linguaggio chiaro.

Oltre la filosofia

L'autentico contenuto della Verità dell'Essere, manifesterebbe la necessità di oltrepassare definitivamente il contenuto storico della filosofia, che è espressa dalle forme della metafisica tradizionale e dalla filosofia contemporanea e, per ciò, di lasciare la parola "filosofia" alla sua dimensione storica. La via che conduce oltre la filosofia e al di là dell'opinione è il Sentiero del Giorno che, da sempre, è nascosto nel bosco oscuro.

Glaucone. - *E i veri filosofi
quali chiami?* Socrate. - *I*

desiderosi   *della*
contemplazione   *della*
verità.

(Platone, *Repubblica*)

Conclusioni

Questo scritto ha la volontà di far emergere il significato autentico della filosofia. Un significato che potremmo definire come "originario". Alcune precisazioni storiche ed etimologiche e l'individuazione delle differenze sostanziali (ma anche i punti di incontro) che separano la filosofia dalle religioni e dalla scienza moderna e contemporanea, sono essenziali in funzione dell'emergere di questo significato autentico. Un'altra fondamentale distinzione e quella tra la filosofia (autenticamente pensata) e la filosofia della prassi. La prima pensa e si prende cura della Verità dell'Essere. La seconda è il sapere che vuole determinare l'azione dell'uomo nel mondo e per questo è sempre opinione (dòxa), è opinione razionale ma non è filosofia.

Rovesciando la tesi di Marx secondo cui la filosofia si sarebbe occupata troppo di comprendere e contemplare il mondo, è arrivato il momento di proclamare che *sino a oggi la filosofia ha soltanto trasformato il mondo, è giunta l'ora di contemplarlo.*